وَحْدي في الجْبل

خليل بِالحاجّ

Alone on the Mountain

Tunisian Arabic Reader – Book 4
by Khalil Bel Hadj

lingualism

ISBN: 978-1-949650-65-5

Written by Khalil Bel Hadj

Edited by Lilia Khachroum and Matthew Aldrich

Cover art by Duc-Minh Vu

Audio by Khalil Bel Hadj

website: www.lingualism.com

email: contact@lingualism.com

Introduction

The **Tunisian Arabic Readers** series aims to provide learners with much-needed exposure to authentic language. The books in the series are at a similar level (B1-B2) and can be read in any order. The stories are a fun and flexible tool for building vocabulary, improving language skills, and developing overall fluency.

The main text is presented on even-numbered pages with tashkeel (diacritics) to aid in reading, while parallel English translations on odd-numbered pages are there to help you better understand new words and idioms. A second version of the text is given at the back of the book, without the distraction of tashkeel and translations, for those who are up to the challenge.

New to this edition: the English translations have been revised for improved clarity and accuracy. Each story now also includes **20 comprehension questions** with example answers to help reinforce your understanding of the text. A **sequencing exercise** is provided as well, where you'll put ten key events from the story back in their correct order. These additions make the book even more useful for self-study, classroom use, or group discussions.

Visit www.lingualism.com/audio, to stream or download the free accompanying audio.

This book is also available in Modern Standard Arabic at www.lingualism.com/msar.

وَحْدي في الجْبل

أُكْتوبِر جا، وأيّ صيّاد وَلّا وِلْد صيّاد يَعْرِف إنّو المصْيِد حلّ. أمّا بِالنِّسْبة لِيّا، الشّْهر هذا أكْثرِ مِن مُجرِّد المصْيِد حلّ.

أوّل مرّة باش نمْشي لِلمصْيِد كيما الكْبار. باش نْدور في جْبل، وبش نْعَمَّل عْلى روحي ونِثْبِت إلّي آنا قادِر إنّي نمشي ديما.

مِن أوّل الجِّمْعة وآنا مِن سوق لْسوق نْلوّج عْلى حاجات باش نِشْريهُم، نلْقاشي سْبادْري باهي ولّا كْلاسَط متّدخلْش الشّوك.

نِفْلي في هاك البالات حاصيلو وآنا باش نْموت بِالفرْحة، اللي يُعْرُضْني نْقُلّو ماشي نِصْطاد.

حاصيلو. نْهار السِّبْت كي العادة نمْشي مْع بابا لِلْقهْوة ونْعدّي الصُّبْحية مْعَ صْحابو الصّيّادة نَحْكيوْ عْلى المصْيِد وكُلّ واحِد وين مْشى وذِكْريات وطرايِف.

كهو عاد، العشية نِبْقاوْ نْحضّْرو في الماكْلة مْتاعْنا واللِّبْسة والفازات.

Alone on the Mountain

October came, and any hunter or hunter's son knows that the season has opened. But for me, this month is more than just the hunting season.

It's the first time I'm going to the hunt like the grown-ups. I'll roam the mountain, rely on myself, and prove that I'm capable of doing it on my own.

Since the start of the week, I've been going from market to market looking for things to buy. I couldn't find decent sneakers or socks thick enough to keep thorns out.

I was digging through the piles of clothes, honestly, I was overjoyed. Whoever came up to me, I'd say I'm going hunting.

Anyway. On Saturday, like usual, I went with Dad to the café and spent the morning with his hunter friends, chatting about the hunt—where each one had gone, memories, and funny stories.

That's it. In the afternoon, we were preparing our food, clothes, and all the rest.

آنا نْحضَّر في روحي في اللّيل، ونِتْخيّل في البْلاصَة اللي باش نمْشيولْها. جاتْني أُمّي، دخْلِت لِلبيت وحسّيتْها مِن غزْرِتْها مِتْحيْرة، أمّا عْملْت روحي ما فيباليش.

(أُمّي:) "عيْش ولْدي، كيما وصّيتِك راكُم باش تبْقاوْ نْهارين وموش شْوَيّة. نْحِبِّك تْرُدّ بالِك علْى روحِك."

(آنا:) "أُمّي كْبرِت راني، عُمْري 16 سْنه، توّا سايا تْنجّم تْعمّل علِيّا."

(أُمّي:) "أَيْ نعْرفِك كْبرْت وانّجّم نْعمّل عْليك، ونعْرْفِك تْقِدّ روحِك. أمّا هنّيني وما تِبْعِدْش علْى بوك وكول بْالقْدى. هاني حضّرْتْلِك برْشا حاجات، ما تبْقاش جيعان عيْش وِلْدي وكُلّ شْوَيّة كلّمْني هنّيني."

(آنا:) "تْهنّى أُمّي ما عنْدِك كان الرّجال."

مِن غُدْوَة عالفجْر، نْقومو الأربعَة تع[1] الصّباح، نْصلِّيو الفجْر ونفْطْرو فْطور الصّباح. آنا نمْشي نْهبّط الكْلاب مِالسّطح وبابا يِسْتنّاني قُدّام الدّار.

نبْدى فرْحان فرْحة غيرْ عادية. نرْكِب في الكرْهْبة ونُقْصْدو ربي لْماطِر مِن وِلايةْ بِنزرْت. كهوْ، بعْد ساعْتين ولّا أكْثر في الْكيّاس، نوصْلو لِلْبْلاصة اللي باش نِصْطادو فيها ونِنْطلْقو في رِحْلةْ البحْث عالحْجل والأرْنِب ونْدوروه الجْبل بِالطّرْف بِالطّرْف.

Audio Track Timestamp: [0:59]

I was getting myself ready at night, imagining the place we were going to. My mom came in. From the look in her eyes, I could tell she was worried, but I acted like I didn't notice.

(Mom:) "Please, my son, like I told you—you're going to be away for two whole days, and that's not short. I want you to take care of yourself."

(Me:) "Mom, I'm grown now. I'm sixteen years old. You can count on me."

(Mom:) "Yes, I know you've grown up, and I know I can rely on you, and that you can manage on your own. But ease my mind—stay close to your dad and eat well. I've packed you lots of things. Don't go hungry, my dear, and call me from time to time to reassure me."

(Me:) "Don't worry, Mom. You've got a man now."

At dawn the next day, we got up at four in the morning. We prayed Fajr and had breakfast. I went up to bring the dogs down from the rooftop, and my dad waited for me outside the house.

I was overwhelmed with joy. We got in the car and headed out to Mateur in the governorate of Bizerte. After two hours—or more— on the road, we reached the place where we'd hunt and set off on our search for partridge and rabbit, sweeping across the mountain bit by bit.

---

[1] تڤ is not used by all Tunisians; it is regional as well as popular among young people. A more common equivalent is مْتاع.

بْدينا ماشين في أكالجّبل ونْراوْ في أكِالحْجل يْطير.

آك فرْحة والحماس ما نحْكيلِكْش!

طار الفرْد لحْجل لول ضرْبو بابا عْطاهولي: "شِدّ حُطّو في جْبيرة رُدّ بالِك طيّْحو!"

أحْنا اكاك ودْيانا نقّْزِت في خُشّة، خرّْجِت كعْبة أرْنِب. كيف كيف بابا طيّحْها حاصيلو نْهار سعْدي اليوم!

"وآنا نْدور في الجّْبل، ياسِر عِجْبِتْني البْلاصة. دِنْيا الكُلّ خضْرا ونوّار ومنْظر عالمي وتْشوف دْيار تلْقاهُم في أخِر الجّْبل ولا بحْذاهُم لا كيّاس لا شيْ، تْقول كيفاش إنجّْمو إعيشو كيفاش يقْضيوْ حاجاتْهُم، وفرْد وَقْت تْقول حمْدْ لله تْشوف أكالطّْفُل اللي في عُمْرِك هابِط على بْهيم باش إعبّي الما وتَلْقَى أصْغر مِنّي تسْرح بِالعلالِش. أمّا الحاجة المُشْترْكة فيهم الضُّحْكة ويفْرْحو بالِعبْد، احسِّك إنِّك مِنْهُم وكي تِسْتْحقّ حاجة يْعاوْنوك."

جا قْريب العشْرا ونُصّ تع صْباح بعْد اجي 3 سْوايِع مشْي وتْعب، نبْقاوْ نِرْتاحو شْوَيّة، ناكْلو حاجة ونْعاوْدو نِمْشيوْ.

(آنا:) "بابا ياخي وَقْتاش أوّل مرّة مْشيت فيها المصْيِد؟"

[2:19]

We started walking in the mountain and saw partridges flying.

I can't even tell you how happy and excited I was!

My father shot the first partridge and handed it to me: "Hold it—put it in the pouch and be careful not to drop it!"

Then Diana [our dog] jumped into a bush and flushed out a rabbit. My dad shot it too. What a lucky day for me!

As I was walking around the mountain, I was amazed by the place. Everything was green, full of flowers, with a breathtaking view. You'd see houses way up the mountain, far from any road—makes you wonder how people live there, how they get what they need. And at the same time, you thank God—you see a kid your age riding a donkey to fetch water, or someone younger than me herding sheep. But the one thing they all have in common is their smiles and joy when they see people. They make you feel like one of them, and if you ever need help, they'll lend a hand.

Around ten-thirty in the morning, after three hours of walking and getting tired, we took a short break, ate something, and then kept going.

(Me:) "Dad, when was the first time you went hunting?"

(بابا:) "يا حسْرة! نِتْذكّر عامْ 71 وَقْتْها عُمْري راني قدِّك ولا أكْبرِ مِنِّك بْعام."

(آنا:) "لْقيتو برْشا حْجل؟"

(بابا:) "أوه كان الخيرْ مْكدِّس، لا فمّا لا فْساد لا مصْيدِ ممْنوع، ناس مْنظّْمة يِحْترْمو الاوْقات."

(آنا:) "توْ تْشوف ليوم عْلى زهْري كيفاش باش نْشيّْخوها."

(بابا:) "أيّا أيّا، قوم يزّيك ما ارْتحْت. مزال النّْهار طْويل والجّْبل كْبير."

أحْنا نمْشيوْ اكّاكا وبش نْدْخْلو في غابة كْبيرة قلّي بابا: "أيّا رُدّ بالِك وين تمِشي وديمة عينيك عْلِيّا وما تِبْعِدْش باش تهْبِط مِن هْنا وآنا نِتْعدّى مِن هْنا ونِتْقابْلو أخِر الواد."

(آنا:) "باهي."

[3:40]

(Dad:) "Ah, what memories! I remember—it was back in '71. I was your age, or maybe a year older."

(Me:) "Did you find lots of partridges?"

(Dad:) "Oh, there were plenty! Back then, there was no corruption, no banned hunting. People were organized and respected the hunting seasons."

(Me:) "You'll see today—I've got a good feeling. We'll bag a bunch!"

(Dad:) "Alright, alright, get up. You've rested enough. The day's still long and the mountain is huge."

As we walked on and were about to enter a big forest, my dad told me, "Watch where you step, keep your eyes on me, and don't wander off. You go down this way, I'll go that way. We'll meet at the end of the stream."

(Me:) "Okay."

آنا ماشي اكاك والسّرْول دايِر بِيّا والصّْنوبِر وفازات، الحاصِل بْلاصة مِزْيانة برْشا. بْديت آنا سارِح في أكالمنْظِر ودُرْت نلْقى بُحيْرة كبيرة مْع جنْبي مْعبّْية بِالجُّرْمان. وقِفْت نِتْفرِّج في البْلاصة وآنا منيش فايِق إنّو بابا فاتْني. كي فِقت مالدّهْشة غْزرْت نلْقى بابا موش نْرا فيه. دْخلْت بعْضي. أوّل مرّة في حْياتي نِبْعِد عْلى بابا، وزيد في غابة حصيلو أكالزّين الكُلّ وَلّى خوف ووَلّيت نِسْتْخايِل في حاجات.

بْديت نمِشي ونِزْرِب أكْثر بِشْوَيّة بِشْوَيّة لين وَلّيت نِجري ونْعيّط.

(آنا:) "يا بابا بابا! وينِك؟ سْتنا!"

مفماش صوت. مفمّا حتّى إجابة. شْنوّا باش نعْمِل تَوْ؟ بْديت نْهلْوِس ووَلّيت نِجْري كي المهْبول في أك الغابة ونْعيّط ونِجْري نِجْري ونعْمل هكّا نُزْلُق في هفوف ونْطيح في حافّةْ الواد.

حلّيت عينيّا. نجّمْتِش نِتْحرّك مِن قُوّةْ اللّطْخة. حاوِلْت نْقوم أمّا منّجمْتِش، ودُخْت.

في لحْظة أذيكا حْلِمْت برْشا حِلْمات. حسّيت روحي كَيِنّي نِتْحرّك أمّا آنا نِحْلِم. وبعْد قْريب ساعة وآنا دايِخ، حسّيت راسي رْزين وبْديت نْفيق.

[4:25]

I walked on like that, surrounded by trees and pine and all sorts of beautiful things. The place was amazing. I got lost in the scenery, then I turned and found a big lake next to me full of ducks. I stood there watching, not realizing my dad had moved on. When I snapped out of it, I looked around and didn't see him. Panic set in. It was the first time in my life I'd gotten separated from my dad— especially in a forest. All that beauty turned into fear, and my imagination started running wild.

I started walking faster and faster until I was running and shouting.

(Me:) "Dad! Dad! Where are you? Wait!"

There was no sound. No response. What was I supposed to do now? I started to panic and ran around the forest like a madman— running and yelling—until I slipped down a slope and fell near the riverbank.

I opened my eyes. I couldn't move from how hard I hit the ground. I tried to get up but couldn't. Then everything went dark.

In that moment, I had many dreams. I felt like I was moving, but it was as if I were dreaming. After about an hour of dizziness, I started to regain consciousness, but my head felt heavy.

حلّيت عينيّا. فقِدْت الذّاكْرة. منيش مِتفكّر حتّى شَيْ.

"شْبيني آنا لينا؟ وينو بابا؟"

أخِر حاجة نِتْذكّرْها البُحيرْة إلي شايِخ عْليها، نلْقى روحي في حافّةْ واد سِرْوالي مْرنّخ بِالما.

كي اسْتوْعبْت إنيّ وَحْدي وحدّ لاهو بحْذايا، رْجعْلي الإحْساس ورْجع الخوف. بْديت نْهدّي في روحي.

بعْد قُلْت: "لاباس لاباس، تَوْ تِسْلِك متْخافِش تَوْ نلْقى حلّ."

أيّا نْحاوِل نخْلِط عْلى بابا راهو فْقِدْني ورْجع الوِّج عْلِيّا.

ماشي في وِسْط الغابة وكايِني في متاهة نَطْلَع مِن جِهة نلْقى روحي في بْلاصة أُخْرى، نرْجع عْلى ثْنيتي نلْقى روحي في بْلاصة أُخْرى.

يا ولّا حْوال! شْنوّا الحلّ تَوْ؟

قلْبي وَلّى يْدُقّ وآنا نقْرا في القُرْآن، وأَيّ حِسّ نسْمْعو نْحِسّو إخوِّف.

بْلاصة أوّل مرّة نمْشيلْها وما فيها حدّ بحْذايا. لا سارِح نسْألو، لا صيّادة قْراب حتّى شَيْ، نْرا كان في واد وْرايا وجْبل عالي قُدّامي نجّمْش نطْلْعو.

[5:25]

I opened my eyes. I had lost my memory. I couldn't remember a single thing.

"Why am I here? Where is my dad?"

The last thing I remembered was the lake I had been admiring. Now I found myself by the riverbank, my pants soaked with water.

When I realized I was completely alone and no one was with me, the fear came back. I started calming myself down.

Then I said, "It's okay. It's okay. You'll be alright. Don't be scared. You'll find a solution."

I'll try to find my dad. He must have noticed I was missing and come back looking for me.

I walked through the forest—it felt like a maze. I'd go one way and end up in a new place, turn back and find myself somewhere else again.

What a mess! What do I do now?

My heart was pounding, and I began to recite verses from the Qur'an. Every sound I heard made me jump.

It was a place I had never been to before, and there was no one around. No wanderers to ask, no hunters nearby, nothing. All I saw was the river behind me and a tall mountain ahead I couldn't climb.

تْشجّعْت شْوَيّة ونقّزْت، جيت في بْلاصة واطْية ووَلّيت نِجري ونْلوّج ونْعيّط: "بابا! يا بابا!! يا حافِظ[1]!"

وبعْد نِسْمع فيه يْعيِّط: "وَليد! وينِك يا وَليد؟"

وصوت ماشي ويِبْعِد وآنا منيش نْرا فيه ونِجْري ونِدعْثر نْطيح ونْعاوِد نْقوم وآنا منيش نْحِسّ في شَيْ، كان في قلْبي باش يُخْرُج مِن بْلاصْتو.

هزّيت التّليفون نُطْلُب ميْحِبِّش يِتْعدى. ما فمّاش ريزو وآنا نِجْري ونْهِزّ في التّليفون ما فمّا حدّ، ما فمّا شَيْ، ما حبِّش يخْطِف.

بْديت نِتْعِب، وبْدات تْجي في مُخي السّيناريُوات. آنا باش نِبْقى لِهْنا وحدّ لا باش يِلْقاني، وبعِدْت على بْلاصْتي وانا تايِه في وِسط الأشْجار والشوك، ربي برْكة يعْرِف آنا وين.

قْعدْت على حجْرة كْبيرة وبْقيت منيش عارِف شْنوّا باش نعْمِل، قلْبي يْدُقّ باش يُخرُج، يْديّا يُرْعْشو.

وين باش نِمْشي؟ بابا راهو تْحيرّ عْليّا.

الحل الوَحيد نلْقى كيفاش نرْجع لِلْكرْهْبة وغادي نِسْتناه تَوْ يرْجع.

قْعدْت نِمْشي مْأيِّس. نِمْشي واكهوْ.

[7:01]

I pulled myself together and jumped down into a lower spot. I started running and shouting, "Dad! Dad! Hafedh!"

Then I heard him calling out, "Walid! Where are you, Walid?"

His voice was getting farther and farther, and I still couldn't see him. I kept running, stumbling, falling, and getting back up—I couldn't feel anything except my heart pounding as if it was about to burst out of my chest.

I pulled out my phone to call, but it wouldn't go through. There was no signal. I kept running with the phone in my hand—no one, nothing, no connection.

I started to get tired, and all kinds of scenarios came into my head: I'll be stuck here alone, no one will find me. I've strayed too far from where I was. I'm lost among the trees and thorns. Only God knows where I am.

I sat down on a big rock, not knowing what to do. My heart was pounding hard, and my hands were trembling.

Where should I go? Dad must be worried sick about me.

The only solution is to find a way back to the car and wait for him there. He'll come back eventually.

I kept walking aimlessly. Just walking, that's all.

_____

[1] his father's name

”يا ربي يا ربي! عاوِنّي يا ربي نشالله نِلْقى بابا!“

زعْمة فما ذْيوبة؟

كان ايجيني ذيب؟

وكان ما نوصِلْش؟ كيفاش باش نْعدّي اللّيل في جْبل وَحْدي؟

”يا ربي!“

قْعدْت نْدور مِن بْلاصة لْبْلاصة نْلوِّج عْلى أمل نِلْقى شْكون. لا طَيْر يْطير لا سايِر إسير. الخْلا والقيفار. بْقيت نِرْتاح خاطِر وجيعِةْ ساقي بْدات تقْوى وَلّيت بِالسّيف ما نمْشي. نْعكِّز نِلْقى لوْحة هزّيتْها نْعاوِن بها روحي، وعلى ماياتي كان جاتْني حاجة أهوكة نْدافع عْلى روحي. بْديت نْأيِّس وبْديت نِتْعِب. عاوِدْت قْعدْت ودُرْت عْلى غفْلة، نِلْقى غْزالة قُدامي.

مصدّقْتِش! نْسيت الهمّ والوْجيعة وقْعدْت نِتْفرِّج في أحْلى لحْظة في حْياتي، حسّيت الأمل بْدا يرْجع.

السْتراس تْنحّى و مُخّي يِخْدِم.

قُلْت: ”مادام فمّا واد، باز باش نِلْقى شْكون يْجي اجيب الغْنم مْتاعو باش يُشْرُب. نبْقى قْريب مِالحافة. فمّاشي ما تخْطِف.“

[8:28]

"Oh God, oh God! Please help me! I hope I find my dad!"

Could there be wolves around?

What if a wolf comes after me?

And what if I don't make it? How would I spend the night alone in the mountain?

"Oh God!"

I kept wandering from one place to another, hoping to find someone. No birds flying, no people passing. Just wilderness and emptiness. I took a break because the pain in my leg was getting worse—I could barely walk. I found a board, used it to support myself, and thought it might come in handy to defend myself if anything happened. I was starting to lose hope and feel exhausted. I sat down again, and when I turned suddenly—I saw a gazelle right in front of me.

I couldn't believe it! I forgot all the fear and pain and just sat there watching the most beautiful moment of my life. I started to feel hope again.

The stress melted away, and my mind started working again.

I thought, "Since there's a river, there must be someone who comes to water their sheep. I'll stay near the bank. It might just work."

بابا كان ديما يْقُلّي الما أمان، وشدّيت الثّْنية سْوايِع وآنا نمْشي ومفمّا شَيْ وتليفون مخْتفْش. الشّمْس قْريب اطيّح وآنا مزِّلْت ما لْقيتِش الثّْنية وبْدا الخوف.

منيش مْصدّق! مُسْتحيل نِقْدِر نْبات في جْبل وَحْدي!

وفجْأةً نِسْمع في حِسّ مْوَحِش ونْرى في زهْمولة كحْلة.

ذيب! ذيب! والله ذيب!

تْجمّدْت في بْلاصْتي العْرق اصُبّ، قلْبي ادُقّ. نْحِسّ في الدِّنْيا تْوقّْفِت منّجّمْش نْحرِّك بدْني وهُوَّ يْغْزُرْلي.

حسّيت إلي ساي هذي النِّهاية. أخْيْب موْقِف حسّيتو في حْياتي.

بْدا أكِل ذيب يْقِرّ علْيّا وآنا الرُّعْب ماشي ويَقْوا بِيّا. بْديت نْوخّر بِالخُطْوة بِالخُطْوة والذّيب في بْلاصْتو يْغْزُرْلي وآنا نْوخّر.

كِلْمة لا، بْكُلّي نُرْعُش. في أيّ لحْظة باش انقِّز علْيّا.

سِنّيه خارْجين وريقْتو سايْلا.

بْكُلّو أكْحِل وعينيه فاتْحين تُغْزُر كان لِيا آنا.

معاش نعْرف شْنوّا نعْمِل.

[9:29]

My dad always said that water is safety. I followed the river for hours, but there was nothing. The phone still had no signal. The sun was starting to set, and I still hadn't found the path. Fear was creeping back in.

I couldn't believe it! No way I could spend the night on the mountain alone!

Suddenly, I heard a terrifying noise and saw a dark shadow.

A wolf! A wolf! I swear, it's a wolf!

I froze in place, sweating. My heart was pounding. I felt like the world had stopped. I couldn't move my body. The wolf was staring at me.

I felt like that was it—the end. It was the worst feeling I've ever experienced.

The wolf started growling at me, and my fear grew stronger. I began backing away slowly, step by step, while it stayed in place, watching me.

I couldn't say a word. I was trembling all over. At any moment, it could pounce on me.

Its fangs were showing, and it was drooling.

It was completely black, with bright eyes fixed only on me.

I didn't know what to do anymore.

يا ربّ قلْبي باش يُخْرُج.

زعْمة نعْمِل حِسّ؟ زعْمة يْهيج عْلِيّا؟ لزِمْنيش نِجْري كنْشي يِسْخايِبْني خايِف ويْنقِّز عْلِيّا ياكِلْني.

لازِمْني نْشِدّ روحي بْشْوَيّة ونْحسّْسو إنّو آنا مانيش فريسة.

منيش باش نْخلّيه يِغْلِبْني.

إهْدا ومتْخافِش.

الكْلام سهِل أمّا الفِعْل اجيبو ربيّ.

آنا اكاك ومنيش نْرى شْنوّا وْرايا، نعْمِل خُطْوة في الفراغ نطيح مِن فوق هضْبة.

حمْدُ لله ما جاتِش عالْيَة برْشا.

حسّيت ساقي وإيدي يوجْعو ونْحِسّ في دمّ أمّا بِحْرارةْ الرّوح قُمْت.

وترْميت بحْذا خُشّة.

الذّيب رْجع! يا ربيّ شْنوّا باش نعْمِل؟ باز شمّ ريحْتي.

تْجمّدْت في بْلاصْتي.

[10:37]

Oh God, my heart felt like it was going to explode.

Should I make a sound? Would that provoke it? I mustn't run—it might think I'm scared and pounce on me, and then it'll eat me.

I need to stay calm, show it I'm not prey.

I won't let it overpower me.

Stay calm. Don't be afraid.

Saying that is easy—doing it is something only God can help with.

As I stood there, not watching what was behind me, I took a step into empty space and fell off a ridge.

Thank God it wasn't too high.

My leg and hand were hurting, and I felt the blood—but with the strength of my spirit, I stood up.

I threw myself next to a bush.

The wolf came back! Oh God, what should I do? It must've picked up my scent.

I froze in place.

والذّيب ماشي ويْقْرُب وصوتو وهُوَّ يْقِرْ باش يْوقّفْلي قلْبي. بْقيت نْغْزْرْلو جاني بِشْوية بِشْوية أمّا موش اري فيّا، اشِمّ في ريحتي.

دُرْت نلْقى حجْرة مْع جنْبي، بِحْرارةْ الرّوح رْميتْها وْرايا يخي سْمع حِسّ مْشالْها يِجْري، وآنا في لحْظة أذيكا قُمْت اللّه أعْلم كيفاش نِجْري في الجِهة لُخْرى لين بْعِدْت في وِسْط الجرّ والغابة ونِجْري ونُغْزُر ورايا خايِف لا يْراني الذّيب.

هْبطْت في حرْث كْبير. بْدات سقيّا تْرْزْن والوْجايِع يْكْثْرو عْليّا.

رُكْبْتي مزْلوعة وإيدي مجْروحة وآنا نْهِز في روحي بِالسّيف.

جْبِدْت دبّوزْتي نِلْقاها تْبزْعِت وَقْتْلي طُحْت.

لْقيت طرْف ما، شْربْتو ولْقيت شجْرة فيها شْوَيّة ضُلّ اتّكيت فيها نِرْتاح.

مانيش عارِف مناش يا مِالفجْعة تع أنيّ وَحْدي في جْبل ولا فجْعِةْ الذّيب!

كُلّ شَيْ تْلمّ مْعَ بعْضو.

آنا قاعِد ونلْقى مغارة موش عالْيَة. مْشيتِلْها نِجْري، دْخلْت وبْقيت نْعِسّ.

وينو الذّيب زعْما شدّ جْرْتي؟ زعْمة هْربْت مِنّو؟

يطْلعْشي قْريب؟ لازِمْني ما نعْمِل حتّى حِسّ.

[11:22]

The wolf kept getting closer, growling, and the sound nearly stopped my heart. I kept watching it as it slowly approached, sniffing around but not seeing me—just tracking my scent.

I saw a stone beside me. With all the strength I had, I threw it behind me. The wolf heard the noise and ran toward it. In that moment, I ran in the opposite direction—God knows how—through the brush and woods, glancing back constantly, scared the wolf would spot me.

I ended up in a big field. My legs were giving out, and the pain was getting worse.

My knee was scraped, my hand injured, and I could barely move myself forward.

I pulled out my water bottle and found it had spilled when I fell.

I drank the little water that was left and found a tree with some shade. I leaned against it to rest. I didn't even know what scared me more—being alone on the mountain or the wolf. It all hit me at once.

As I sat there, I saw a low cave. I ran to it, went inside, and sat in fear.

Where's the wolf? Did he catch my scent again? Did I manage to get away?

Could he be nearby? I mustn't make a sound.

وآنا نِلْهِث وقلْبي ادُقّ منّجمْش نشِد النُّفس مْتاعي.

يا ربيّ نشالله ما رانيش! نشالله هْربْت مِنّو!

نرْقِل في أكاِلمغارة نِبْلع في ريقي بِالسّيف لين بات الحِسّ وحسّيت إنّو كُلّ شيَ بْعِد.

خْرجْت قْعدْت في الظِّل وغْزرْت لِلسُّما نلْقاها بْدات تْغَيّم. حسّيت المْطَر باش تْصُب. لازِمْني نار! كيفاش باش نْعدّي اللّيلة بْلاش نار؟

خْطفْت روحي لمّيت شْوَيّة حْطب وعنْدي موس تع بابا بْزهْري نلْقى روحي مْخُلّيه في جيبي، قصّيت أكاِلحْطب وبْديت نْلوِّج كيفاش نْشعِّل النّار.

عنْدي بْريكيبا أمّا ولاّ طقْس خايِب وبْدا الهْواء ولازِمْني حاجة تِشْعِل فيسع تْعاوِنيّ عْلى تشْعيل الحْطب.

آنا اكاكا نْخمّم تْذكّرْت بابا كيفاش اشعّل النّار فيسع فيسع ويبْدى يِتْمنْيك عْلِيّا. "ريت السِّحْر مْتاعي؟ شْوَيّة كلتوْس ونار في لحْظة تِشْعِل..."

[12:36]

I was panting hard, my heart pounding—I couldn't even catch my breath.

Oh God, I hope he didn't see me! I hope I managed to escape!

I sat there trembling in that cave, barely able to swallow, until the sounds faded and I felt like everything had calmed down.

I stepped outside and sat in the shade, looking up at the sky. It was starting to cloud over. I could feel rain coming. I need fire! How will I get through the night without it?

I quickly gathered some firewood. Luckily, I found my dad's pocketknife in my pocket. I chopped the wood and started thinking about how to make a fire.

I had a lighter, but the weather was turning bad. The wind had picked up, and I needed something that would catch quickly to help ignite the wood.

As I sat there thinking, I remembered how my dad used to start a fire in no time and tease me: "See my magic? Just a bit of eucalyptus and poof—fire right away…"

مْشيت نِجْري نحّيت شْوية أوْراق وشعّلْتو.. عْمل برْشا دُخّان أكاِلْكلتوس، أمّا فيسع شْعِل. دْخلْت لِلْمغارة، المْطر بْدات تْصُب وآنا نُغْزُر ونِتْدفّى بِالنّار هايِم: "شْنوّا مصيري؟ زعْمة شْنوّا باش نعْمِل؟"

عنْدي كعْبة ياغورت جْبِدْتها وشْوية خُبْز بْديت ناكِل فيهُم شديت بيهُم قلْبي وليل طاح وآنا نُغْزُر لكاِلغابة ضلْمة ما تْرى شَيْ.

السْما بْكُلْها نْجوم عُمْري ما ريت سْما اكاكا. نْسيت الخوف وقْعدْت نْخمّم أناهي ثْنية غُدْوَة باش نْجي مِنْها.

تْذكّرْت برْشا حاجات في لحْظة أذيكا.

تْذكّرْت أُمّي كيفاش خايْفة عْلِيّا وكيفاش آنا ما عْطيتِش برْشا إهْتِمام لْخوفْها.

أمّا زادة تْذكّرْت إنّو هِيَّ قالِت إنْها عنْدْها ثِقة قِيا وفي أَيْ حاجة تعْرفْني نْقِد روحي.

حسيت دْموعي باش تهْبِط.

راهو بابا في المْطر الوِّج عْلِيّا وآنا منجّمْش نُخْرُج خايِف وخايِف زادة عْليه مِالذّيُوبة. مِنّا تِشْوي ومِنّا تِكْوي[1].

[13:39]

I ran to gather some eucalyptus leaves and lit them. They made a lot of smoke at first, but the fire caught quickly. I went back into the cave as the rain started to fall. I sat by the fire, warming myself, thinking, "What will happen now? What am I going to do?"

I had a cup of yogurt and a piece of bread. I started eating, holding myself together as night fell, looking out at the forest, completely dark—nothing to be seen.

The whole sky was filled with stars. I had never seen a sky like that before. I forgot my fear and started thinking about which path I'd take in the morning.

I remembered so many things in that moment.

I remembered how worried my mother had been, and how I didn't take her fear seriously.

But I also remembered that she told me she trusted me, and that in any situation, she knew I could take care of myself.

I almost cried.

Dad must be out there in the rain, searching for me. And I'm scared to go out. I'm scared for him too—because of the wolves. It's a terrible situation, from every angle.

---

[1] lit. from one side, it burns, and from the other, it ignites

حطّيت السّاك تعي تحْت راسي وسكّرْت الفيست واتكيت لين هزّْني النّوم. قُمْت كان مع أذان الفجْر. نِسْمع فيه مِن بْعيد، قُمْت قُلْت: "فمّا جامِع! نجّم على القْليلة يُعْرُضْنيشي شْكون."

طفّيت أكاِلنار وهزّيت دبْشي وهْبطْت نمِْشي ونْلوِّج. اليوم خيرْ فمّا أمل حتّى الوْجيعة تْنحّات.

قْعدْت نمِْشي ونْلوّج نْراشي حدّ متْعدّي ولا صيّاد... حاجة تْنجّم تْعاوِنيّ ولا بْلاصة نُطْلُب فيها بابا خلّي يعْرِف إلي آنا لاباس.

ماشي في وِسْط الغابة ونْرى في حْمامة طايْرة مِتْعِدّْية ما عْطيتْهاش أهمّية مِلّول. وبعْد وَحْدة أُخْرى وبعْد ولاّوْ برْشا. بْديت نْتبّع فيهُم وين ماشين خاطِر بابا ديمة اقُلّي لحْمام يْحِب لعْباد ديمة تلْقاه بحْذا الدّْيار.

بْقيت انْتبع نلْقى روحي دْخلْت لْفيرْمة كْبيرة.

بْقر وعْلالِش و تْراكْتور يحْرِث وناس قايْمة الفجْر تِخْدِم عْلى روحْها. أوّل ما راوْني طول جاتْني مْرا تِجْري قتْلي: "يا وْليدي! لاباس؟ وينو بوك؟ إنْتِ مْنين؟ تُسْكُن قْريب؟"

[14:44]

I put my bag under my head, zipped up my jacket, and leaned back until sleep took me. I only woke up at the Fajr call to prayer. I heard it from far away and said, "There's a mosque! Maybe I'll find someone there."

I put out the fire, grabbed my things, and started walking. Things felt better—there was hope, and even the pain was gone.

I kept walking, hoping I'd see someone passing by, a hunter, or something that could help me. Or maybe somewhere I could use a phone to call my dad and let him know I was okay.

I was walking in the forest when I saw a pigeon flying by—I didn't think much of it at first. Then I saw another, and then more. I started following them, remembering what Dad always said: "Pigeons like people—you'll always find them near homes."

I kept following the pigeons until I reached a big farm.

There were cows, sheep, a tractor plowing the land, and people already working at dawn. As soon as they saw me, a woman ran toward me and said, "Oh, son! Are you okay? Where's your father? Where are you from? Do you live nearby?"

وآنا مْبهّم مِالتّْعب ما نجّمْتِش نحْكي، قُلْتِلْها: "بابا ضاع عْليّا، جينا نِصْطادو."

(المْرا:) "يا مرْيم إجْري سخّن الحْليب وجيب شْوَيّة كِسْرى وصْحن زيت"."

(آنا:) "تْنجّم تْعاوِنيّ؟"

(المْرا:) "أَيْ امّالا؟ ما تْخافْش كُلّ شَيْ لاباس تْهنّا نْصيِّف ساعة واجي راجِلي بِالتّْركْتور تَوْ إهِزِّك لْبوك. يعْرفْها البْلاصة لِهْنا تَوْ ارجّْعِك لْبوك مْحسّن مْضمّن. ما تْخافْش."

(آنا:) "إعيّْشِك، خايِف بِتْت وَحْدي في الغابة وقْريب يغور فِيّا ذيب."

(المْرا:) "سْمِلّه علْى وِلْدي... يا مرْيَم وينِك؟"

(مرْيَم:) "أيّا هاني جايا، هاني جايا!"

حطِّتْلي بِشّْوية زيت وكاس الحْليب، شْربْتو فرْد فُمّ. ولله أبنّ حْليب ذُقْتو في حْياتي ما نعْرِش يا على خاطِر فْرِشْك ولّا على خاطِر آنا جيعان. وخْذيت أكالخُبْز طابونة سْخون بْديت نْعدي في الزّيت وناكِل وْنْعدّي وناكِل كاينّي عْندي قرْن ما كْليتِش. الغابة تْجوّع ضاهِر فيها!

[15:57]

I was exhausted and could barely speak, but I told her, "I lost my dad. We came hunting."

(The woman:) "Maryam! Go warm up some milk and bring some bread and olive oil."

(Me:) "Can you help me?"

(The woman:) "Of course I can! Don't worry. Everything's fine now. Sit down for a bit, and my husband will be back with the tractor. He'll take you to your father. He knows the area well. He'll get you back safe and sound. Don't worry."

(Me:) "Thank you! I was so scared—stuck alone in the forest, and a wolf almost got me."

(The woman:) "Oh my dear! May God protect you... Maryam, where are you?"

(Maryam:) "Coming, coming!"

She brought me some oil and a glass of milk—I drank it all in one go. Honestly, it was the best milk I've ever tasted. I don't know if it was because it was fresh or because I was starving. She gave me hot tabouna bread, and I dipped it in the olive oil, eating bite after bite like I hadn't eaten in a hundred years. The forest really makes you hungry!

أكالِمْرا ماحْلاها كيِني وِلْدها هكّا لاهْية بِيّا.

(المْرا:) "كول كول، ما تِحْشِمْش، عيْش وِلْدي راك جُعْت ليلة كاملة بْلاش ماكْلة."

(آنا:) "والله مُتّ بِالجّوع[1]."

(المْرا:) "هذا وِلْدي إبْراهيم."

(آنا:) "عسْلامة."

(إبْراهيم:) "عسْلامة! انْتِ جيت تِصْطاد وضُعْت؟"

"أيْ قْعدْت نْلوّج عْلى بابا ما لْقيتوش، طُحْت في واد."

(المْرا:) "ما تْخافِش عيْش وِلْدي تَوْ كُلّ شَيْ يرْجع لِبْلاصْتو... أَيْ هاوْ عمِّك مُحمّد جا."

(مُحمّد:) "أيّا قُلْنا السّلام عليْكُم!"

(المْرا:) "وعليْكُم السّلام! مُحمّد، هذا طْفُل جا مع الصّيادة وضاع تَوْ شب فينا، برّى هِزّو لْبوه."

(آنا:) "كُنْت مْع بابا تْفرّقْنا في واد ياخي طُحْت ما فاقِش. دُخْت راهو قالِب عْلِيّا الدِّنْيا."

[16:55]

That woman—she was wonderful. She treated me like I was her own son.

(The woman:) "Eat, eat, don't be shy. My dear boy, you must be starving after a whole night without food."

(Me:) "I'm dying of hunger, I swear."

(The woman:) "This is my son, Ibrahim."

(Me:) "Hello!"

(Ibrahim:) "Hi! So you came hunting and got lost?"

(Me:) "Yes, I kept searching for my dad and couldn't find him, and I fell in the river."

(The woman:) "Don't worry, my son. Everything will work out... Ah, there's your uncle Mohammed."

(Mohammed:) "Peace be upon you!"

(The woman:) "And peace be upon you! Mohammed, this boy came with some hunters and got lost. He ended up with us. Take him to his father."

(Me:) "I was with my dad, and we got separated by a ravine. I fell and passed out. He must be turning the world upside down looking for me."

---

[1] lit. I died of hunger

(مُحمّد:) "إنْتِ وَليد؟"

(آنا:) "أَيْ آنا هُوَّ!"

(مُحمّد:) "بوك يْلوِّج مِن بْلاصة ليبْلاصة عْرُضْني لْبارح في حالة سْإلْني عْليك قُتْلو تَوْ كان لْقيت حاجة تَوْ نْجيك."

(آنا:) "فماش ريزو لِنّا حتّى باش نُطْلْبو."

(مُحمّد:) "ما تْخافِش، تَوْ نْهِزّك ليه تَوْ تَوْ. أيّا إرْكِب في تْراكْتور... هاني جيتِك."

(آنا:) "بِسْلامة تاتا يَعْطيك الصّحّة."

(المْرا:) "عيْش وِلْدي ماهاش مْزية كي وِلْدي راك ونْشالله تلْقى بوك وتْروّح سالِم.... إيجا طُلّ عْليّا إلْعب إنْتِ وإبْراهيم يْورّيك الغابة بِالقْدا."

(آنا:) "أَيْ أَيْ نْشالله تَوْ نرْجع في وَقْت ما خيرْ."

(مُحمّد:) "أيّا عاد معاش عْلينا بِكْري. ها طْفُل، بوك راهو قْريب يِهْبِل."

وبْدينا نمْشيوْ باكالِتّراكْتور، وبْديت نْحِسّ في روحي باش نوصل البابا. زعْمة مِتْغشِّش عْليّا؟

(مُحمّد:) "وين تُسْكُن؟"

[17:41]

(Mohammed:) "Are you Walid?"

(Me:) "Yes, that's me!"

(Mohammed:) "Your father has been searching everywhere. He saw me yesterday and asked about you. I told him if I heard anything, I'd come right away."

(Me:) "There's no phone signal here, so I couldn't call him."

(Mohammed:) "Don't worry. I'll take you to him right now. Come on, hop in the truck... I've got you."

(Me:) "Goodbye, Auntie. Thank you so much!"

(The woman:) "You're welcome, my dear. You're like a son to me. I hope you find your father and get home safe. Come visit again sometime, and play with Ibrahim—he'll show you around."

(Me:) "Yes, God willing, I'll come back in better times."

(Mohammed:) "Let's go now—it's getting late. Your dad is about to lose his mind."

And we drove off in the truck. I started to feel like I was really on my way back to Dad. I wondered if he'd be mad at me.

(Mohammed:) "Where do you live?"

(آنا:) "في تونِس."

(مُحمّد:) "وين في تونِس؟"

(آنا:) "في بِن عْروس."

(مُحمّد:) "نعْرِفْها بِن عْروس مْشيتِلْها برْشا مرّات نْهِزّ الخُضْرة لِلْمرْشي القْرو."

(آنا:) "موش بْعيد برْشا عْلى دارْنا."

(مُحمّد:) "والقْرايَة شْعامِل فيها؟"

(آنا:) "جيت الأُوِّل في قِسْمي التْريماسْترِ هاذي."

(مُحمّد:) "صحّيت! صحّيت! حتّى إبْراهيم لُوِّل في قِسمو. ماك تعْرِف ماغير ما نْوصّيك! القْرايَة أهمّ حاجة! لازْمِك تقْرا باش نْهار آخِر تِخْدِم خِدْمة باهْيَة وتْفرّح والْديك وتبْدى راضي عْلى روحِك!"

حسّيت في كْلام عمّ مُحمّد برْشا معْرْفة ما كُنْتِش نِتوقّعْها مِن فلّاح يِخْدِم الأرْض كهوْ. حسّيت كْلامو الكُلّ في بْلاصْتو وحسّيتو ما خلّانيش نْخمِّم.

[18:33]

(Me:) "In Tunis."

(Mohammed:) "Where in Tunis exactly?"

(Me:) "In Ben Arous."

(Mohammed:) "I know Ben Arous. I've been there many times delivering vegetables to the main market."

(Me:) "It's not too far from our house."

(Mohammed:) "And how's school going?"

(Me:) "I'm first in my class this semester."

(Mohammed:) "Well done! Ibrahim is first in his class too. You know how important school is! You have to study so that one day you'll get a good job, make your parents proud, and be proud of yourself."

I felt that Uncle Mohammed spoke with great wisdom—more than I ever expected from someone who works the land. Everything he said made sense, and he didn't let my thoughts spiral.

حبّ إرتّحْني مِالخوف مِن بابا.

بْقى يِجْبِدْلي عْلى الكورة،هُوَّيْحِبّ الجمْعية هاذي وْهُوَّ يْحِبّ الجمْعية لُخْرى وكي مْشى لِلسّتاد كيفاش رِبْحو البُطولة وبعْد جْبِدْلي عْلى وِلْدو إلي يِخْدِم في الخارِج وكيفاش يْكلّمو كُلّ يوم يِتْوحّشو مينْجّمْش نْهار ميْكلّموش.

برْشا مواضيع تِحْكاوْ في أكِالمشْية، وخوف تْنحّالي، رْجعْت نْرا في الدِّنْيا محْلها وعْطاني حُكّة عْسل قلّي: "هذي كي توصِل أعْطاها إلْبوك وقُلّو عمّي مُحمّد يْسلِّم عْليك برْشا."

وْصِلْنا وين إلْكْراهِب، هْبطْت مِالتّراكْتور نِجْري لِلْكرْهْبة مْتاعْنا. نِسْمع في حِسّ عبْد يِبْكي.

بْديت نُقْرُب، نلْقاه بابا يِبْكي يْكلّم في أُمّي.

(بابا:) "مانيش مْروّح إلّاما نلْقاه! لا يْهِمّْني في شيْ! آنا مانيش مْروّح وكلّمْت الحاكِم، الجّبل باش نِقْلبو! كي يْكون في كِرْش حوتة اللّما نلْقاه! رُدّ بالِك عْلى روحِك وعالصّغار وآنا ما تِتْحيرّش عْليّا كُلّ يوم تَوْ نْكلّمِك إخِّر إلنّهار كي نرْجع وين إلكرْهْبة خاطِر فمّاش ريزو. ما تِتْحيرّش."

[19:15]

He wanted to ease my fear about how Dad might react.

He started talking about soccer—his favorite team, their championship win—and then about his son who works abroad and calls him every day because he misses him too much to go a day without speaking.

We talked about so many things during that walk. My fear faded, and I started seeing the world as beautiful again. He handed me a jar of honey and said, "Give this to your father when you see him, and tell him Uncle Mohammed sends his regards."

We arrived at the cars. I got out of the truck and ran toward our vehicle. I heard someone crying.

As I got closer, I saw it was my dad, crying and talking to my mom on the phone.

(Dad:) "I'm not going home without him! I don't care about anything else! I've called the authorities—we'll search the whole mountain! Even if he's inside a fish's belly, I'll find him! Take care of yourself and the kids. Don't worry about me. I'll call you once I get back to the car—there's no signal here. Don't worry."

(آنا:) "بابا!"

(بابا:) "وَليد!"

وترْميت مابين إديه وعنّقْتو.

(بابا:) "وَليد! وين كُنْت إناا‌عْنن!"

(آنا:) "بابا، ساماحْني ولله لعاد نْعاوِد صنْعْتي ونبْعِدْها والله."

وعنّقْتو وآنا نُرْعُش، حسّيتو كان مِتْغشِّش عْلِيّا وكي لْقاني خايِف نُرْعُش فْهِم لْحْكاية وقلّي: "ميسالِش المهُِمّ إنْتِ لاباس."

(آنا:) "أَيْ لاباس لاباس."

(بابا:) "شْكون جابِك لِهْنا؟ قْلِبْت عْليك الدِّنْيا! عْطيت لِلْكْلاب مرْيولِك يْشِمّوه باش يْلوّْجو عْليك نْهار كامِل وآنا في جْبل."

(آنا:) "بْقيت نْلوّج لين لْقيت دار عام مُحمّد وَصّلْني لِهْنا."

(بابا:) "يَرْحم بوك يا مُحمّد! بْلاش بيك اللّه أعْلم شْنوّا يْصير فينا."

(مُحمّد:) "وْخيّان مفمّاش مْزية."

(بابا:) "أيّا أيّا، ارْكِب وكمِّل أحْكيلي في إلكرْهْبة أُمُّك باش تْقْتْلْنا ليوم."

❖ ❖ ❖

[20:17]

(Me:) "Dad!"

(Dad:) "Walid!"

I threw myself into his arms and hugged him.

(Dad:) "Walid! Where were you, you little…!"

(Me:) "Dad, I'm sorry. I swear I won't do it again. I'll never go off alone again."

I hugged him while trembling. I could feel that he had been angry, but when he saw how scared and shaken I was, he understood and said, "It's okay. What matters is that you're safe."

(Me:) "Yes, I'm fine. I'm fine."

(Dad:) "Who brought you here? I turned the whole world upside down looking for you! I gave your shirt to the dogs to sniff so they could track you. I spent the entire day on the mountain."

(Me:) "I kept searching until I found Uncle Mohammed's place, and he brought me here."

(Dad:) "May God bless you, Mohammed! Without you, who knows what would have happened to us."

(Mohammed:) "There's no need to thank me. We're all brothers."

(Dad:) "Come on, get in the car and finish telling me everything. Your mom's going to kill us today."

❖   ❖   ❖

Arabic Text without Tashkeel

For a more authentic reading challenge, read the story without the aid of diacritics (tashkeel) and the parallel English translation.

وحدي في الجبل

أكتوبر جا، وأي صياد ولا ولد صياد يعرف إنو المصيد حل. أما بالنسبة ليا، الشهر هذا أكثر من مجرد المصيد حل.

أول مرة باش نمشي للمصيد كيما الكبار. باش ندور في جبل، وبش نعمل على روحي ونثبت إلي آنا قادر إني نمشي ديما.

من أول الجمعة وآنا من سوق لسوق نلوج على حاجات باش نشريهم، نلقاشي سبادري باهي ولا كلاسط متدخلش الشوك.

نفلي في هاك البالات حاصيلو وآنا باش نموت بالفرحة، اللي يعرضني نقلو ماشي نصطاد.

حاصيلو. نهار السبت كي العادة نمشي مع بابا للقهوة ونعدي الصبحية مع صحابو الصيادة نحكيو على المصيد وكل واحد وين مشى وذكريات وطرايف.

كهو عاد، العشية نبقاو نحضرو في الماكلة متاعنا واللبسة والفازات.

آنا نحضر في روحي في الليل، ونتخيل في البلاصة اللي باش نمشيولها. جاتني أمي، دخلت للبيت وحسيتها من غزرتها متحيرة، أما عملت روحي ما فيباليش.

(أمي:) "عيش ولدي، كيما وصيتك راكم باش تبقاو نهارين وموش شوية. نحبك ترد بالك على روحك."

(آنا:) "أمي كبرت راني، عمري 16 سنه، توا سايا تنجم تعمل عليا."

(أمي:) "أي نعرفك كبرت وانجم نعمل عليك، ونعرفك تقد روحك. أما هنيني وما تبعدش على بوك وكول بالقدى. هاني حضرتلك برشا حاجات، ما تبقاش جيعان عيش ولدي وكل شوية كلمني هنيني."

(آنا:) "تهنى أمي ما عندك كان الرجال."

من غدوة عالفجر، نقومو الأربعة تع الصباح، نصليو الفجر ونفطرو فطور الصباح. آنا نمشي نهبط الكلاب مالسطح وبابا يستناني قدام الدار.

نبدى فرحان فرحة غير عادية. نركب في الكرهبة ونقصدو ربي لماطر من ولاية بنزرت. كهو، بعد ساعتين ولا أكثر في الكياس، نوصلو للبلاصة اللي باش نصطادو فيها وننطلقو في رحلة البحث عالحجل والأرنب وندوروه الجبل بالطرف بالطرف.

بدينا ماشين في أكالجبل ونراو في أكالحجل يطير.

آك فرحة والحماس ما نحكيلكش!

طار الفرد لحجل لول ضربو بابا عطاهولي: "شد حطو في جبيرة رد بالك طيحو!"

أحنا اكاك وديانا نقزت في خشة، خرجت كعبة أرنب. كيف كيف بابا طيحها حاصيلو نهار سعدي اليوم!

وآنا ندور في الجبل، ياسر عجبتني البلاصة. دنيا الكل خضرا ونوار ومنظر عالمي وتشوف ديار تلقاهم في أخر الجبل ولا بحذاهم لا كياس لا شي، تقول كيفاش إنجمو إعيشو كيفاش يقضيو حاجاتهم ، وفرد وقت تقول حمد لله تشوف أكالطفل اللي في عمرك هابط على بهيم باش إعبي الما وتلقى أصغر مني تسرح بالعلالش. أما الحاجة المشتركة فيهم الضحكة ويفرحو بالعبد، احسك إنك منهم وكي تستحق حاجة يعاونوك.

جا قريب العشرا ونص تع صباح بعد اجي 3 سوايع مشي وتعب، نبقاو نرتاحو شوية، ناكلو حاجة ونعاودو نمشيو.

(آنا:) "بابا ياخي وقتاش أول مرة مشيت فيها المصيد؟"

(بابا:) "يا حسرة! نتذكر عامة 71 وقتها عمري راني قدك ولا أكبر منك بعام."

(آنا:) "لقيتو برشا حجل؟"

(بابا:) "أوه كان الخير مكدس، لا فما لا فساد لا مصيد ممنوع، ناس منظمة يحترمو الاوقات."

(آنا:) "تو تشوف ليوم على زهري كيفاش باش نشيخوها."

(بابا:) "أيا أيا، قوم يزيك ما ارتحت. مزال النهار طويل والجبل كبير."

أحنا نمشيو اكاكا وبش ندخلو في غابة كبيرة قلي بابا: "أيا رد بالك وين تمشي وديمة عينيك عليا وما تبعدش باش تهبط من هنا وآنا نتعدى من هنا ونتقابلو أخر الواد."

(آنا:) "باهي."

آنا ماشي اكاك والسرول داير بيا والصنوبر وفازات، الحاصل بلاصة مزيانة برشا. بديت آنا سارح في أكالمنظر ودرت نلقى بحيرة كبيرة مع جنبي معبية بالجرمان. وقفت نتفرج في البلاصة وآنا منيش فايق إنو بابا فاتني. كي فقت مالدهشة غزرت نلقى بابا موش نرا فيه. دخلت بعضي. أول مرة في حياتي نبعد على بابا، وزيد في غابة حصيلو أكالزين الكل ولى خوف ووليت نستخايل في حاجات.

بديت نمشي ونزرب أكثر بشوية بشوية لين وليت نجري ونعيط.

(آنا:) "يا بابا بابا! وينك؟ ستنا!"

مفماش صوت. مفما حتى إجابة. شنوا باش نعمل تو؟ بديت نهلوس ووليت نجري كي المهبول في أك الغابة ونعيط ونجري نجري ونعمل هكا نزلق في هفوف ونطيح في حافة الواد.

حليت عينيا. نجمتش نتحرك من قوة اللطخة. حاولت نقوم أما منجمتش، ودخت.

في لحظة أذيكا حلمت برشا حلمات. حسيت روحي كيني نتحرك أما آنا نحلم. وبعد قريب ساعة وآنا دايخ، حسيت راسي رزين وبديت نفيق.

حليت عينيا. فقدت الذاكرة. منيش متفكر حتى شي.

"شبيني آنا لينا؟ وينو بابا؟"

أخر حاجة نتذكرها البحيرة إلي شايخ عليها، نلقى روحي في حافة واد سروالي مرنخ بالما.

كي استوعبت إني وحدي وحد لاهو بحذايا، رجعلي الإحساس ورجع الخوف. بديت نهدي في روحي.

بعد قلت: "لاباس لاباس، تو تسلك متخافش تو نلقى حل."

أيا نحاول نخلط على بابا راهو فقدني ورجع الوج عليا.

ماشي في وسط الغابة وكايني في متاهة نطلع من جهة نلقى روحي في بلاصة أخرى، نرجع على ثنيتي نلقى روحي في بلاصة أخرى.

يا ولا حوال! شنوا الحل تو؟

قلبي ولى يدق وآنا نقرا في القرآن، وأي حس نسمعو نحسو إخوف.

بلاصة أول مرة نمشيلها وما فيها حد بحذايا. لا سارح نسألو، لا صيادة قراب حتى شي، نرا كان في واد ورايا وجبل عالي قدامي نجمش نطلعو.

تشجعت شوية ونقزت، جيت في بلاصة واطية ووليت نجري ونلوج ونعيط: "بابا! يا بابا! يا حافظ!"

وبعد نسمع فيه يعيط: "وليد! وينك يا وليد؟"

وصوت ماشي ويبعد وآنا منيش نرا فيه ونجري وندعثر نطيح ونعاود نقوم وآنا منيش نحس في شي، كان في قلبي باش يخرج من بلاصتو.

هزيت التليفون نطلب ميحبش يتعدى. ما فماش ريزو وآنا نجري ونهز في التليفون ما فما حد، ما فما شي، ما حبش يخطف.

بديت نتعب، وبدات تجي في مخي السيناريوات. آنا باش نبقى لهنا وحد لا باش يلقاني، وبعدت على بلاصتي وانا تايه في وسط الأشجار والشوك، ربي بركة يعرف آنا وين.

قعدت على حجرة كبيرة وبقيت منيش عارف شنوا باش نعمل، قلبي يدق باش يخرج، يديا يرعشو.

وين باش نمشي؟ بابا راهو تحير عليا.

الحل الوحيد نلقى كيفاش نرجع للكرهبة وغادي نستناه تو يرجع.

قعدت نمشي مأيس. نمشي واكهو.

"يا ربي يا ربي! عاوني يا ربي نشالله نلقى بابا!"

زعمة فما ذيوبة؟

كان ايجيني ذيب؟

وكان ما نوصلش؟ كيفاش باش نعدي الليل في جبل وحدي؟

"يا ربي!"

قعدت ندور من بلاصة لبلاصة نلوج على أمل نلقى شكون. لا طير يطير لا ساير إسير. الخلا والقيفار. بقيت نرتاح خاطر وجيعة ساقي بدات تقوى وليت بالسيف ما نمشي. نعكز نلقى لوحة هزيتها نعاون بها روحي، وعلى ماياتي كان جاتني حاجة أهوكة ندافع على روحي. بديت نأيس وبديت نتعب. عاودت قعدت ودرت على غفلة، نلقى غزالة قدامي.

مصدقتش! نسيت الهم والوجيعة وقعدت نتفرج في أحلى لحظة في حياتي، حسيت الأمل بدا يرجع.

الستراس تنحى و مخي يخدم.

قلت: "مادام فما واد، باز باش نلقى شكون يجي اجيب الغنم متاعو باش يشرب. نبقى قريب مالحافة. فماشي ما تخطف."

بابا كان ديما يقلي الما أمان، وشديت الثنية سوايع وآنا نمشي ومفما شي وتليفون مختفش. الشمس قريب اطيح وآنا مزلت ما لقيتش الثنية وبدا الخوف.

منيش مصدق! مستحيل نقدر نبات في جبل وحدي!

وفجأة نسمع في حس موحش ونرى في زهمولة كحلة.

ذيب! ذيب! والله ذيب!

تجمدت في بلاصتي العرق اصب، قلبي ادق. نحس في الدنيا توقفت منجمش نحرك بدني وهو يغزرلي.

حسيت إلي ساي هذي النهاية. أخيب موقف حسيتو في حياتي.

بدا أكل ذيب يثر عليا وآنا الرعب ماشي ويقوا بيا. بديت نوخر بالخطوة بالخطوة والذيب في بلاصتو يغزرلي وآنا نوخر.

كلمة لا، بكلي نرعش. في أي لحظة باش انڤز عليا.

سنيه خارجين وريڤتو سايلا.

بكلو أكحل وعينيه فاتحين تغزر كان ليا آنا.

معاش نعرف شنوا نعمل.

يا ربي قلبي باش يخرج.

زعمة نعمل حس؟ زعمة يهيج عليا؟ لزمنيش نجري كنشي يسخايبني خايف وينڤز عليا ياكلني.

لازمني نشد روحي بشوية ونحسسو إنو آنا مانيش فريسة.

منيش باش نخليه يغلبني.

إهدا ومتخافش.

الكلام سهل أما الفعل اجيبو ربي.

آنا اكاك ومنيش نرى شنوا ورايا، نعمل خطوة في الفراغ نطيح من فوق هضبة.

حمد لله ما جاتش عالية برشا.

حسيت ساقي وإيدي يوجعو ونحس في دم أما بحرارة الروح قمت.

وترميت بحذا خشة.

الذيب رجع! يا ربي شنوا باش نعمل؟ باز شم ريحتي.

تجمدت في بلاصتي.

والذيب ماشي ويقرب وصوتو وهو يقرر باش يوقفلي قلبي. بقيت نغزرلو جاني بشوية بشوية أما موش ارى فيا، اشم في ريحتي.

درت نلقى حجرة مع جنبي، بحرارة الروح رميتها ورايا يخي سمع حس مشالها يجري، وآنا في لحظة أذيكا قمت الله أعلم كيفاش نجري في الجهة لخرى لين بعدت في وسط الجر والغابة ونجري ونغزر ورايا خايف لا يراني الذيب.

هبطت في حرث كبير. بدات سقيا ترزن والوجايع يكثرو عليا.

ركبتي مزلوعة وإيدي مجروحة وآنا نهز في روحي بالسيف.

جبدت دبوزتي نلقاها تبزعت وقتلي طحت.

لقيت طرف ما، شربتو ولقيت شجرة فيها شوية ضل اتكيت فيها نرتاح. مانيش عارف مناش يا مالفجعة تع أني وحدي في جبل ولا فجعة الذيب! كل شي تلم مع بعضو.

آنا قاعد ونلقى مغارة موش عالية. مشيتلها نجري، دخلت وبقيت نعس.

وينو الذيب زعما شد جرتي؟ زعمة هربت منو؟

يطلعشي قريب؟ لازمني ما نعمل حتى حس.

وآنا نلهث وقلبي ادق منجمش نشد النفس متاعي.

يا ربي نشالله ما رانيش! نشالله هربت منو!

نرقل في أكالمغارة نبلع في ريقي بالسيف لين بات الحس وحسيت إنو كل شي بعد.

خرجت قعدت في الظل وغزرت للسما نلقاها بدات تغيم. حسيت المطر باش تصب. لازمني نار! كيفاش باش نعدي الليلة بلاش نار؟

خطفت روحي لميت شوية حطب وعندي موس تع بابا بزهري نلقى روحي مخليه في جيبي، قصيت أكالحطب وبديت نلوج كيفاش نشعل النار.

عندي بريكيبا أما ولا طقس خايب وبدا الهواء ولازمني حاجة تشعل فيسع تعاوني على تشعيل الحطب.

آنا اكاكا نخمم تذكرت بابا كيفاش اشعل النار فيسع فيسع ويبدى يتمنيك عليا. "ريت السحر متاعي؟ شوية كلتوس ونار في لحظة تشعل..."

مشيت نجري نحيت شوية أوراق وشعلتو.. عمل برشا دخان أكالكلتوس، أما فيسع شعل. دخلت للمغارة، المطر بدات تصب وآنا نغزر ونتدفى بالنار هايم: "شنوا مصيري؟ زعمة شنوا باش نعمل؟"

عندي كعبة ياغورت جبدتها وشوية خبز بديت ناكل فيهم شديت بيهم قلبي وليل طاح وآنا نغزر لكالغابة ضلمة ما ترى شي.

السما بكلها نجوم عمري ما ريت سما اكاكا. نسيت الخوف وقعدت نخمم أناهي ثنية غدوة باش نجي منها.

تذكرت برشا حاجات في لحظة أذيكا.

تذكرت أمي كيفاش خايفة عليا وكيفاش آنا ما عطيتش برشا إهتمام لخوفها.

أما زادة تذكرت إنو هي قالت إنها عندها ثقة قيا وفي أي حاجة تعرفني نقد روحي.

حسيت دموعي باش تهبط.

راهو بابا في المطر الوج عليا وآنا منجمش نخرج خايف وخايف زادة عليه مالذيوبة. منا تشوي ومنا تكوي.

حطيت الساك تعي تحت راسي وسكرت الفيست واتكيت لين هزني النوم. قمت كان مع أذان الفجر. نسمع فيه من بعيد، قمت قلت: "فما جامع! نجم على القليلة يعرضنيشي شكون."

طفيت أكالنار وهزيت دبشي وهبطت نمشي ونلوج. اليوم خير فما أمل حتى الوجيعة تنحات.

قعدت نمشي ونلوج نراشي حد متعدي ولا صياد... حاجة تنجم تعاوني ولا بلاصة نطلب فيها بابا خلي يعرف إلي آنا لاباس.

ماشي في وسط الغابة ونرى في حمامة طايرة متعدية ما عطيتهاش أهمية ملول. وبعد وحدة أخرى وبعد ولاو برشا. بديت نتبع فيهم وين ماشين خاطر بابا ديمة اقلي لحمام يحب لعباد ديمة تلقاه بحذا الديار.

بقيت انتبع نلقى روحي دخلت لفيرمة كبيرة.

بقر وعلالش و تراكتور يحرث وناس قايمة الفجر تخدم على روحها. أول ما راوني طول جاتني مرا تجري قتلي: "يا وليدي! لاباس؟ وينو بوك؟ إنت منين؟ تسكن قريب؟"

وآنا مبهم مالتعب ما نجمتش نحكي، قلتلها: "بابا ضاع عليا، جينا نصطادو."

(المرا:) "يا مريم إجري سخن الحليب وجيب شوية كسرى وصحن زيت"."

(آنا:) "تنجم تعاوني؟"

(المرا:) "أي امالا؟ ما تخافش كل شي لاباس تهنا نصيف ساعة واجي راجلي بالتركتور تو إهزك لبوك. يعرفها البلاصة لهنا تو ارجعك لبوك محسن مضمن. ما تخافش."

(آنا:) "إعيشك، خايف بتت وحدي في الغابة وقريب يغور فيا ذيب."

(المرا:) "سمله على ولدي... يا مريم وينك؟"

(مريم:) "أيا هاني جايا، هاني جايا!"

حطتلي بشوية زيت وكاس الحليب، شربتو فرد فم. ولله أبن حليب ذقتو في حياتي
ما نعرش يا على خاطر فرشك ولا على خاطر آنا جيعان. وخذيت أكالخبز طابونة
سخون بديت نعدي في الزيت وناكل ونعدي وناكل كايني عندي قرن ما كليتش.
الغابة تجوع ضاهر فيها!

أكالمرا ماحلاها كيني ولدها هكا لاهية بيا.

(المرا:) "كول كول، ما تحشمش، عيش ولدي راك جعت ليلة كاملة بلاش ماكلة."

(آنا:) "والله مت بالجوع."

(المرا:) "هذا ولدي إبراهيم."

(آنا:) "عسلامة."

(إبراهيم:) "عسلامة! انت جيت تصطاد وضعت؟"

"أي قعدت نلوج على بابا ما لقيتوش، طحت في واد."

(المرا:) "ما تخافش عيش ولدي تو كل شي يرجع لبلاصتو... أي هاو عمك محمد
جا."

(محمد:) "أيا قلنا السلام عليكم!"

(المرا:) "وعليكم السلام! محمد، هذا طفل جا مع الصيادة وضاع تو شب فينا،
برى هزو لبوه."

(آنا:) "كنت مع بابا تفرقنا في واد ياخي طحت ما فاقش. دخت راهو قالب عليا
الدنيا."

(محمد:) "إنت وليد؟"

(آنا:) "أي آنا هو!"

(محمد:) "بوك يلوج من بلاصة لبيلاصة عرضني لبارح في حالة سإلني عليك قتلو تو كان لقيت حاجة تو نجيك."

(آنا:) "فماش ريزو لنا حتى باش نطلبو."

(محمد:) "ما تخافش، تو نهزك ليه تو تو. أيا إركب في تراكتور... هاني جيتك."

(آنا:) "بسلامة تاتا يعطيك الصحة."

(المرا:) "عيش ولدي ماهاش مزية كي ولدي راك ونشالله تلقى بوك وتروح سالم.... إيجا طل عليا إلعب إنت وإبراهيم يوريك الغابة بالقدا."

(آنا:) "أي أي نشالله تو نرجع في وقت ما خير."

(محمد:) "أيا عاد معاش علينا بكري. ها طفل، بوك راهو قريب يهبل."

وبدينا نمشيو باكالتراكتور، وبديت نحس في روحي باش نوصل البابا. زعمة متغشش عليا؟

(محمد:) "وين تسكن؟"

(آنا:) "في تونس."

(محمد:) "وين في تونس؟"

(آنا:) "في بن عروس."

(محمد:) "نعرفها بن عروس مشيتلها برشا مرات نهز الخضرة للمرشي القرو."

(آنا:) "موش بعيد برشا على دارنا."

(محمد:) "والقراية شعامل فيها؟"

(آنا:) "جيت الأول في قسمي التريماستر هاذي."

(محمد:) "صحيت! صحيت! حتى إبراهيم لول في قسمو. ماك تعرف ماغير ما نوصيك! القراية أهم حاجة! لازمك تقرا باش نهار آخر تخدم خدمة باهية وتفرح والديك وتبدى راضي على روحك!"

حسيت في كلام عم محمد برشا معرفة ما كنتش نتوقعها من فلاح يخدم الأرض كهو. حسيت كلامو الكل في بلاصتو وحسيتو ما خلانيش نخمم.

حب إرتحني مالخوف من بابا.

بقى يجبدلي على الكورة،هويحب الجمعية هاذي وهو يحب الجمعية لخرى وكي مشى للستاد كيفاش ربحو البطولة وبعد جبدلي على ولدو إلي يخدم في الخارج وكيفاش يكلمو كل يوم يتوحشو مينجمش نهار ميكلموش.

برشا مواضيع تحكاو في أكالمشية، وخوف تنحالي، رجعت نرا في الدنيا محلها وعطاني حكة عسل قلي: "هذي كي توصل أعطاها إلبوك وقلو عمي محمد يسلم عليك برشا."

وصلنا وين إلكراهب، هبطت مالتراكتور نجري للكرهبة متاعنا. نسمع في حس عبد يبكي.

بديت نقرب، نلقاه بابا يبكي يكلم في أمي.

(بابا:) "مانيش مروح إلاما نلقاه! لا يهمني في شي! آنا مانيش مروح وكلمت الحاكم، الجبل باش نقلبو! كي يكون في كرش حوتة اللما نلقاه! رد بالك على روحك وعالصغار وآنا ما تتحيرش عليا كل يوم تو نكلمك إخر إلنهار كي نرجع وين إلكرهبة خاطر فماش ريزو. ما تتحيرش."

(آنا:) "بابا!"

(بابا:) "وليد!"

وترميت مابين إديه وعنقتو.

(بابا:) "وليد! وين كنت إناااعننن!"

(آنا:) "بابا، ساماحني ولله لعاد نعاود صنعتي ونبعدها والله."

وعنقتو وآنا نرعش، حسيتو كان متغشش عليا وكي لقاني خايف نرعش فهم لحكاية وقلي: "ميسالش المهم إنت لاباس."

(آنا:) "أي لاباس لاباس."

(بابا:) "شكون جابك لهنا؟ قلبت عليك الدنيا! عطيت للكلاب مريولك يشموه باش يلوجو عليك نهار كامل وآنا في جبل."

(آنا:) "بقيت نلوج لين لقيت دار عام محمد وصلني لهنا."

(بابا:) "يرحم بوك يا محمد! بلاش بيك الله أعلم شنوا يصير فينا."

(محمد:) "وخيان مفماش مزية."

(بابا:) "أيا أيا، اركب وكمل أحكيلي في إلكرهبة أمك باش تقتلنا ليوم."

Comprehension Questions

1. وَقْتاش صارت الأحْداث في الحْكاية؟
2. قدّاش كان عُمر الطُّفُل وشْنوّا اسْمو؟
3. شْنوّا صادو قْبل ما يضيع الطُّفُل؟
4. كيفاش ضاع الطُّفُل؟
5. وين بات الطُّفُل في اللّيل؟
6. شْكون عاوْنو باش يلْقى الطّريق؟
7. شْنوّا كان يعْمل بوه وَقْتلّي كان ضايِع؟
8. شْنوّا عْطاتو المرْا في الفيرْمة؟
9. كيفاش هْرب من الذّيب؟
10. شْنوّا عْمل باش يْدفّي روحو في المغارة؟
11. شْكون هُوَ مُحمّد؟
12. كيفاش عْرف الولِد إلّي قْريب من النّاس؟
13. شْنوّا جاب عمِّ مُحمّد لْبوه؟
14. علاش ما طْلبْش الطُّفُل بوه في التّليفون؟
15. شْنوّا عْمل بوه بِالكْلاب؟
16. وَقْتاش بْدا يْحِسّ بِالأمان؟
17. مِن شْنوّا كان يْخاف أكْثر شَيْ؟
18. كيفاش نجّم يشْعل النّار؟
19. شْنوّا كان يعْمل بوه وَقْتلّي لْقاه؟
20. علاش ما رْجعْش بوه لِلدّار قْبل ما يلْقاه؟

1. When did the story take place?

2. How old was the boy, and what was his name?

3. What had they hunted before the boy got lost?

4. How did the boy get lost?

5. Where did the boy spend the night?

6. What helped him find his way?

7. What was his father doing while he was lost?

8. What did the woman at the farm give him?

9. How did he escape from the wolf?

10. What did he do to keep warm in the cave?

11. Who was Mohammed?

12. How did the boy know he was close to people?

13. What did Uncle Mohammed bring for his father?

14. Why didn't the boy call his father on the phone?

15. What did his father do with the dogs?

16. When did he start feeling safe?

17. What was he most afraid of?

18. How was he able to make fire?

19. What was his father doing when he found him?

20. Why didn't his father return home before finding him?

Answers to the Comprehension Questions

1. في شْهر أُكْتوبِر.
2. اسْمو وَليد وعُمْرو سِتّة عْشر سْنة.
3. صادو حْجل وأرْنِب.
4. كان يِتْفرّج في البْحيرة والوِزّ وما خْذاش بالو من بوه.
5. بات في مغارة.
6. الحْمامِ هُوَ إلّي دلّو عْلى الفيرْمة.
7. كان يْلوّج عْليه في الجْبل وكلّم الحاكِم.
8. عْطاتو حْليب وخُبْز وزيت.
9. رْمى حجْرة وْراه باش يْلَهّيه.
10. شْعل النّار بِالكْلتوس.
11. الفلّاح إلّي وصّْلو لْبوه بِالترّْاكْتور.
12. سْمع أذان الفجْر.
13. جاب معاه حُكّة عْسل.
14. ما كانِش فمّا ريزو في الجْبل.
15. عْطاهُم مرْيول وِلْدو باش يْشمّو ريحْتو.
16. كي وْصل لِلفيرْمة ولْقى النّاس الطّيّْبة.
17. الذّيب والوحْدة في الجْبل.
18. لْقى موس بوه في جيبو وشْعل بيه وْراق الكْلتوس.
19. كان يِبْكي ويْكلّم في أُمّو في التّليفون.
20. حْلف ما يْرجعْش كان كي يلْقى وِلْدو.

1. In October.
2. His name was Walid, and he was sixteen years old.
3. They had hunted a partridge and a rabbit.
4. He was watching the lake and geese and didn't notice his father leaving.
5. He spent the night in a cave.
6. The pigeons led him to the farm.
7. He was searching the mountain and had called the police.
8. She gave him milk, bread, and oil.
9. He threw a stone behind him to distract it.
10. He made a fire using eucalyptus leaves.
11. The farmer who took him to his father in his truck.
12. He heard the call to prayer at dawn.
13. He brought a jar of honey.
14. There was no phone signal in the mountains.
15. He gave them his son's shirt to smell.
16. When he reached the farm and found the kind people.
17. The wolf and being alone in the mountain.
18. He found his father's knife in his pocket and used it to light eucalyptus leaves.
19. He was crying and talking to his mother on the phone.
20. He swore not to return until he found his son.

Summary

Read the scrambled summary of the story below. Write the correct number (1–10) in the blank next to each event to show the proper sequence.

___ تْفرّقو في الواد وضاع الوِلد عْلى بوه.

___ الصّيّاد الصّْغير وباباه خرْجو لِلْصْيِد في جْبال ماطِر.

___ تْلاقى مع بوه وفرْحو بْبعضْهُمْ.

___ في صْباح تْبّع لحْمام لين وْصل لْفيرْمة.

___ طاح الطّْفُل في واد وضاع في الغابة.

___ لْقى مغارة وبات فيها.

___ جاه ذيب وخاف منّو وهْرب.

___ هزّو عمّ مْحمّد في التّْراكْتور.

___ بْدات رِحْلِةْ الصّيد وصادو حْجل وأرْنِب.

___ لْقى عايْلة طيّْبة عاوْنوه ووكّلوه.

Key to the Summary

3   They separated at the river and the boy got lost from his father.

1   The young hunter and his father went hunting in the Mater mountains.

10 He reunited with his father and they were happy together.

7   In the morning he followed pigeons until he reached a farm.

4   The boy fell into the river and got lost in the forest.

6   He found a cave and spent the night there.

5   A wolf attacked him, he was scared and ran away.

9   Uncle Mohammed took him in his truck.

2   The hunting trip began and they caught a partridge and a rabbit.

8   He found a kind family who helped and fed him.

Tunisian Arabic Readers Series

www.lingualism.com/tar

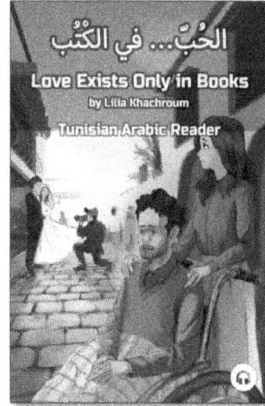

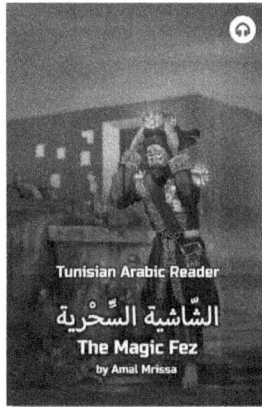

زعْما مازال فمّا
الخيرْ في الدِّنْيا؟
Is There Still Good in the World?
by Amal Mrissa
Tunisian Arabic Reader

بابا، نجْم الكورة
My Dad, the Soccer Star
by Rached Khalledi
Tunisian Arabic Reader

الحُبّ... في الكْتُب
Love Exists Only in Books
by Lilia Khachroum
Tunisian Arabic Reader

وَحْدي في الجْبل
Alone on the Mountain
by Khalil Bel Hadj
Tunisian Arabic Reader

Tunisian Arabic Reader
الشّاشية السِّحْرية
The Magic Fez
by Amal Mrissa

www.ingramcontent.com/pod-product-compliance
Lightning Source LLC
Chambersburg PA
CBHW061843040426
42447CB00012B/3108